Daniel Kunz * Lisa Stegerer

Die ultimative Glaubens-Challenge

... wenn du dich traust

© Verlag Herder GmbH, Freiburg im Breisgau 2025
Hermann-Herder-Straße 4, 79104 Freiburg
produktsicherheit@herder.de
Alle Rechte vorbehalten
www.herder.de

Gesamtgestaltung: Ute Kleim, Hamburg
Druck: Graspo, Zlin
Gedruckt auf umweltfreundlichem, chlorfrei gebleichtem Papier
Printed in the Czech Republic
ISBN 978-3-451-71673-7

Daniel Kunz * Lisa Stegerer

Die ultimative GLAUBENS #CHALLENGE

... wenn DU dich traust

Mit Illustrationen von Heike Haas

50 HERAUS-FORDERUNGEN

HERDER

FREIBURG · BASEL · WIEN

Hallo du!

Mit diesem Buch fordern wir dich zu 50 unterschiedlich schweren Challenges heraus. Traust du dich? .

1 bedeutet »einfach«, **2** »mittelschwer« und **3** heißt »schwer«. Sie sind in 5 Themengebiete eingeteilt und können einzeln 👤 oder in der Gruppe 👥 ausprobiert werden. Natürlich kannst du eine Einzelchallenge auch als Gruppenchallenge machen. Deiner Kreativität sind keine Grenzen gesetzt.

Folgende Themengebiete gibt es:

Jede Challenge wird durch ein Bibelzitat und einen Gedanken von uns eröffnet. Das abschließende Gebet kann gerne angepasst werden.

Bist du bereit, dich herausfordern zu lassen? Dann wirst du ein Gebet beim Döneressen kennenlernen, dich im Turmbauen batteln, einen Bestatter oder eine Bestatterin interviewen und dich Aufgaben stellen, die dich an Grenzen bringen.

Wir sind auf deine Erfahrungen gespannt.

Nun wünschen wir dir viel Spaß, Mut, Ehrgeiz und Kreativität!

Lisa und Daniel

 # Besties · Digger

Viele sogenannte Freunde schaden dir nur, aber ein echter Freund steht mehr zu dir als ein Bruder oder eine Schwester.

→ *Vgl. Sprüche 18,24*

Auf Social Media haben wir oft viele »Freunde«. Mit manchen hast du sicher viel Kontakt, andere triffst du eher selten. Wer war in letzter Zeit wirklich für dich da …

> … als du krank warst?
>
> … als du eine schlechte Note geschrieben hast?
>
> … nach einem verlorenen Fußballspiel?
>
> … nach einer Trennung, einem Verlust eines lieben Menschen?
>
> … als es dir einfach schlecht ging?

Challenge

Ruf einen Freund/eine Freundin an, der/die in letzter Zeit für dich da war. Sag ihm/ihr, warum er/sie wichtig für dich ist. Macht bei dem Telefonat gleich einen Termin aus, wann ihr Zeit miteinander verbringt und etwas unternehmt, das eurer Freundschaft guttut.

Gebet:
Gott, richtig schön, dass ich heute mit … telefonieren konnte.
Er/Sie bedeutet mir wirklich viel.
Ich weiß noch genau, wie wir uns kennengelernt haben.
Ich hoffe, dass unsere Freundschaft lange hält.
Amen.

Platz für ein Foto!

Datum: _____

Unternehmung: _____

_____

_____

_____

 **Mobbingopfer**

Als Jesus am Baum vorbeikam, schaute er hinauf und rief: »Zachäus, komm schnell herunter! Ich soll heute dein Gast sein!«
→ *Lukas 19,5*

Sicher gibt es auch in deiner Klasse Menschen, mit denen du aus unterschiedlichen Gründen nur ganz wenig oder gar nichts zu tun hast. So war es auch bei Zachäus. Mit einem Zöllner wollte niemand etwas zu tun haben. Jesus sind aber alle Menschen wichtig. Er möchte auch mit denen in Kontakt sein, die sonst vielleicht niemand mag, die Außenseiter sind oder Einzelgänger.

#**Challenge**

Sprich jemanden aus deiner Klasse an, mit dem du sonst nicht redest oder Zeit verbringst, und lade ihn auf einen Pausensnack ein. Beim Treffen kannst du drei Dinge fragen, die du noch nicht von der Person weißt. (Was zockst du gerne? Was machst du in deiner Freizeit? Wo kaufst du gerne ein? ...)

Gebet:
Gott, das war jetzt nicht ganz einfach.
Aber niemand sagt, dass es einfach ist, mit dir unterwegs zu sein.
Ab und an fällt es mir sogar schwer, dich anzusprechen.
Begleite ..., mit dem/der ich heute Zeit verbracht habe.
Amen.

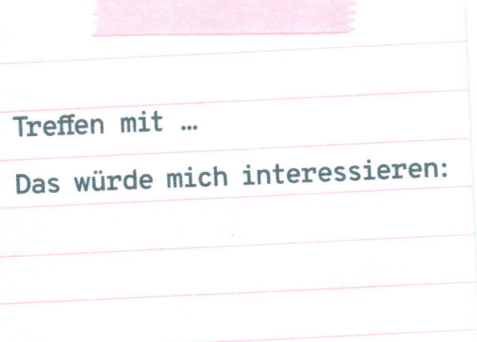

Treffen mit ...

Das würde mich interessieren:

Das war top!

HERR, du bist mein Gott! Ich lobe dich und preise deinen Namen, denn du vollbringst wunderbare Taten. Was du vor langer Zeit beschlossen hast, das hast du in großer Treue ausgeführt.

→ *Jesaja 25,1*

Gott loben und preisen wollen Menschen schon sehr lange. In der Bibel gibt es viele Berichte davon. Loben ist so etwas Ähnliches wie Danke zu sagen. Anstatt preisen würden wir heute vielleicht sagen: »Ich feiere dich.« Und das können wir gar nicht genug tun. Wer dankbar durchs Leben geht, ist zufriedener. Und mit Gott an der Seite können wir echt zufrieden sein.

#Challenge

Ersetze im oben genannten Bibelzitat »HERR« durch den Namen einer Lehrerin oder eines Lehrers. ☺ Was hältst du davon, sie oder ihn mal nach der Schulstunde zu loben? Es geht nicht ums Schleimen, sondern um ein Lob. Überleg, wie du das am besten anstellen kannst. Die Reaktion kannst du gerne auf dem Notizzettel festhalten.

Gebet:
Gott, ich feiere dich heute für ...
Amen.

Welches Lob hast du heute verteilt?

Wie hat dein Lehrer/deine Lehrerin reagiert?

4 Hat Abraham den Döner erfunden?

Abraham wohnte bei den Eichen von Mamre, da erschien ihm der HERR wieder. Als er aufblickte, bemerkte er plötzlich drei Männer, die ganz in der Nähe standen. Abraham lief ins Zelt zurück und rief Sara zu: »Schnell! Nimm 15 Kilo vom besten Mehl, das wir haben, rühr einen Teig an und backe Fladenbrote!« Er lief weiter zu seiner Rinderherde, wählte ein zartes, gesundes Kalb aus und befahl seinem Knecht, es so schnell wie möglich zuzubereiten. Den fertigen Braten bot er dann seinen Gästen mit Sauerrahm und Milch an. Sie saßen im Schatten des Baums, und während sie aßen, stand Abraham daneben und bediente sie.

→ *1. Mose 18,1–2.6–8*

Hört sich tatsächlich nach Döner an: Fladenbrot, Fleisch und Sauerrahm. Fehlt nur noch der Salat. Aber Gott und Essen passen immer sehr gut zusammen. Beim gemeinsamen Essen haben viele Menschen in der Bibel Gott erlebt und von ihm gute Lebenstipps bekommen.

#Challenge

Kauf dir einen Döner und setz dich damit auf einen belebten Platz. Natürlich darf es auch eine vegetarische Alternative sein. Während du dir das Ganze schmecken lässt, schau dir die Menschen an, die an dir vorbeigehen. Überleg dir beim Döneressen, was sie vielleicht gerade denken und wie es ihnen wohl geht. Sie alle sind Gott wichtig, auch du. Erzähle Gott, was du diesen Menschen wünschst.

Diesen Dönerimbiss kann ich weiterempfehlen:

Diese Imbissbuden würde ich gerne mal ausprobieren:

Gebet:

Das hat geschmeckt, Gott, und diese kleine Dönerpause tat richtig gut.
Und tatsächlich bete ich normalerweise nicht während des Essens.
Aber es war spannend, und hier sind viele Menschen vorbeigelaufen.
Ich weiß nicht, wohin sie unterwegs waren, aber begleite sie und mich und schenke
uns einen guten Tag.
Amen.

Feedlob

Ebenso wichtig ist das andere Gebot: »Liebe deinen Mitmenschen wie dich selbst.«

→ *Markus 12,31*

Wie im Song »**Diese Welt braucht Liebe**« der Allstars stellt Jesus die Liebe in den Mittelpunkt seiner Botschaft. Für ihn gibt es die Liebe zu Gott, die Nächstenliebe und die Selbstliebe. Oft sehen wir an unseren Mitmenschen das, was sie falsch machen oder was wir nicht gut finden. Heute versprühen wir Herzchen, klicken Flammen und hinterlassen ein paar liebe Worte.

#Challenge

Scrolle dich durch Instagram, Facebook, Twitter, Snapchat ... Schau dir die Feeds deiner Freunde an. Kommentiere drei Beiträge positiv mit einem Lob, einem weiteren Gedanken, einem positiven Wunsch. Lass einfach ein bisschen Liebe da.

Gebet:
Gott, wenn ich mir die Feeds und Storys anschaue,
dann entdecke ich vieles, was ich selbst erleben möchte.
Auch ich wünsche mir natürlich Herzen und Flammen.
Liebe heißt schenken und beschenkt werden.
Ich danke dir für meine Freundinnen und Freunde.
#thxgod

Hier habe ich heute Lob verteilt:

»Man soll die Feste feiern,

wie sie fallen!«

 ## 6 Vielfalt

»Wie ist das möglich?«, riefen sie außer sich. »Alle diese Leute sind doch aus Galiläa, und nun hören wir sie in unserer Muttersprache reden; ganz gleich ob wir Parther, Meder oder Elamiter sind.«
→ *Apostelgeschichte 2,7–9*

Sicher kennst du in deinem Freundeskreis Menschen unterschiedlicher Kulturen. Sie sprechen vielleicht unterschiedliche Sprachen, feiern andere Feste oder haben andere Verhaltensweisen. Manches ist für dich fremd und ungewohnt, anderes ist interessant.

#Challenge

Komm mit einer Person aus einem anderen Kulturkreis ins Gespräch. Achte darauf, dass es jemand ist, mit dem du noch nicht viel geredet hast. Such dir gerne eine Person aus, die eine andere Sprache als Englisch, Französisch oder Spanisch spricht. Frage sie, was ihr Lieblingsfest ist und warum. Schreibe auf den Zettel links den Satz: »Man soll die Feste feiern, wie sie fallen!« in möglichst vielen unterschiedlichen Sprachen.

Gebet:
*Bete doch mal das **Vaterunser** in einer anderen Sprache.*

7 Wer war da noch mal dabei?

Dann rief Jesus seine zwölf Jünger zu sich und gab ihnen die Macht, böse Geister auszutreiben und alle Kranken und Leidenden zu heilen.
→ *Matthäus 10,1*

Viele Menschen waren mit Jesus unterwegs. Das waren Nachfolgerinnen und Nachfolger. Heute würde man vermutlich Followerinnen und Follower sagen. Aus diesen vielen Menschen hat er zwölf ausgewählt, die er besonders unterstützt hat. Sie haben viel mehr von Jesus erfahren als die große Volksmenge, sie durften quasi bei ihm in die Lehre gehen. Anschließend sollten sie von Gott erzählen und seine Botschaft der Liebe an möglichst viele Menschen weitergeben, unentgeltlich.

#Challenge

Die 12 waren namentlich berufen. Versucht als Gruppe, ohne nachzulesen, die Namen der Jünger aufzuzählen.
Notiert die Namen auf die Notizzettel. Schafft ihr alle 12?

Gebet:
Gott, damals hast du 12 Jünger berufen und ihnen einen Auftrag gegeben.
Heute rufst du uns, zum Beispiel bei der Firmung oder Konfirmation.
Unser Auftrag ist nicht anders.
Wir dürfen für andere da sein, mithelfen, dass es Menschen gut geht,
wir dürfen mit Jesus unterwegs sein und miteinander über unseren Glauben diskutieren.
Zeig uns auf deine Art, dass du uns liebst.
Amen.

Family Time

Nachdem Josef und Maria alle Vorschriften erfüllt hatten, die das Gesetz des Herrn fordert, kehrten sie nach Nazareth in Galiläa zurück. Das Kind wuchs gesund heran, erfüllt mit göttlicher Weisheit, und Gottes Segen ruhte sichtbar auf ihm.
→ *Lukas 2,39–40*

Die Familie ist zusammen unterwegs: Josef, der Ziehvater, Maria, die leibliche Mutter, und Jesus, Gottes Sohn. Eine bunte Familie. Das Baby wächst, lernt laufen, sprechen, und es wird vermutlich irgendwie klar, dass dieses Kind besonders ist.

#Challenge

Gönnt euch heute mal Zeit in der Familie und sucht euch ein Gesellschaftsspiel aus, das ihr gemeinsam spielt. Vielleicht habt ihr auch Lust, gemeinsam zu kochen oder einen schönen Nachmittag oder Abend zu verbringen. Macht währenddessen ein Familienfoto und klebt es hier ein. Zum Abschluss eurer Familienzeit betet gemeinsam das folgende Gebet:

Gebet:
Gott, als Familie hatten wir heute richtig viel Zeit zusammen.
○   *Das war einfach schön.*
○   *Das war nervig.*
○   *Das war anstrengend.*
(Bitte auswählen!)
Das habe ich heute besonders geschätzt: ...
(Jedes Familienmitglied kann sagen,
was es an der Familie schätzt.)
Danke für die gemeinsame Zeit.
Amen.

Platz für ein Foto!

9 # Gemeinsam schafft es sich leichter

Ehre deinen Vater und deine Mutter, damit es dir gut geht und du lange auf dieser Erde lebst.
→ *Epheser 6,2–3*

Schon in den zehn Geboten taucht dieser Satz auf. Es hört sich ein wenig altbacken an, jemanden zu ehren. Das heißt aber nichts anderes, als dass du jemanden schätzen sollst. Um ein gutes Verhältnis hinzubekommen, braucht es gegenseitige Wertschätzung.

#Challenge

Probier es aus und frag nach, wo du im Haushalt helfen kannst, und pack dann kräftig mit an. Umgekehrt müssen sich deine Eltern etwas überlegen, um dir zu zeigen, dass sie sich über deine Hilfe freuen. Unterhaltet euch darüber, wie der Tag war.

Gebet:
Gott, helfen ist immer anstrengend.
Und eigentlich soll eine helfende Person keine Gegenleistung erwarten.
Aber trotzdem war es heute schön,
jemandem unter die Arme zu greifen und zu merken,
dass ich helfen konnte.
Danke, Gott, für den Tag.
Amen.

Hier konnte ich heute unterstützen:

Tu Gutes!

Gott hat allen von uns unterschiedliche Gaben geschenkt. Hat jemand die Gabe bekommen, in Gottes Auftrag prophetisch zu reden, dann muss dies mit der Lehre unseres Glaubens übereinstimmen. Wem Gott einen praktischen Dienst übertragen hat, der soll ihn gewissenhaft ausführen. Wer die Gemeinde im Glauben unterweist, soll diesem Auftrag gerecht werden. Wer andere ermahnen und ermutigen kann, der nutze diese Gabe. Wer Bedürftige unterstützt, soll das gerecht und unparteiisch tun.

→ *Vgl. Römer 12,6–8*

Im Brief von Paulus an die Gemeinde von Rom wird deutlich, dass sich jede und jeder mit ihren und seinen Fähigkeiten für andere einsetzen soll. Gemeinsam erreicht man mehr. Durch die Taufe sind wir beauftragt, uns in einer Gemeinschaft einzubringen und anderen zu helfen.

#Challenge

Wo wird Hilfe gebraucht? Schau im Internet nach einem **Ehrenamtsportal**. Oft gibt es diese bei Diakonie oder Caritas. Vielleicht wohnt jemand in deiner Nachbarschaft, der Hilfe beim Einkaufen benötigt. Wenn du dich noch nicht ehrenamtlich engagierst, suche dir ein Projekt aus und biete einen Monat lang deine Hilfe an.

Gebet:
Gott, du hilfst mir, Gutes zu tun.
Dies muss nicht immer sichtbar sein.
Du siehst auch die Momente, wo ich im Kleinen jemandem helfen kann.
Du gibst mir Fähigkeiten, die ich für andere einsetzen kann.
Öffne mir die Augen und zeige mir, wo meine Hilfe jetzt im Moment gebraucht wird.
Amen.

Für diese Hilfe habe ich mich entschieden:

 **Talente**

Dem einen schenkt er im rechten Augenblick das richtige Wort. Ein anderer kann durch denselben Geist die Gedanken Gottes erkennen und weitersagen. Wieder anderen schenkt Gott durch seinen Geist unerschütterliche Glaubenskraft oder unterschiedliche Gaben, um Kranke zu heilen. Manchen ist es gegeben, Wunder zu wirken.
→ *1. Korinther 12,8–10*

Keiner und keine kann alles, aber auch niemand kann nichts! Wir glauben daran, dass Gott uns mit ganz unterschiedlichen Fähigkeiten und Talenten ausstattet. Diese sollen wir in unserer Klasse, unserem Verein, unserer Gesellschaft und unserer Kirche für uns und andere einsetzen. Das Schöne ist: Wir müssen nicht perfekt sein.

#Challenge

Finde fünf Talente und Fähigkeiten, die dich ausmachen, und notiere sie auf dem Notizzettel.

Schreibe zwei weitere Fähigkeiten auf, in denen du dich noch verbessern möchtest, und überleg dir, wie dir das gelingen kann.

Gebet:
Gott, ich kann richtig gut ...
Danke für meine Großeltern, meine Eltern, Geschwister, Freunde und Freundinnen, Lehrerinnen und Lehrer. Sie alle unterstützen mich.
Erinnere mich immer wieder daran, auch mal meine Komfortzone zu verlassen und etwas Neues zu lernen oder mich weiterzuentwickeln.
Amen.

Diese fünf Talente und Fähigkeiten habe ich:

Diese zwei Punkte will ich verbessern:

12 # Nimm dir, was du brauchst

Von jetzt an müsst ihr auf euch selbst achten und auf die ganze Gemeinde, für die euch der Heilige Geist als Hirten eingesetzt hat.
→ *Apostelgeschichte 20,28*

Ganz oft sind wir für andere da. Wir helfen und unterstützen unsere Freundinnen und Freunde: im Schulalltag, beim Nebenjob, im Ehrenamt oder in der Familie. Das alles kostet Kraft.

#Challenge

Gestalte dir einen Abreißzettel (ähnlich dem, den du hier siehst) und hänge ihn dir sichtbar in dein Zimmer. Mach auch andere darauf aufmerksam, auf sich zu achten, und hänge einen weiteren Zettel öffentlich auf, zum Beispiel im Treppenhaus oder in der Schule.

Der Zettel soll dich immer wieder daran erinnern, dir selbst etwas Gutes zu tun. Das Beispiel, das in diesem Moment passt, kannst du abreißen und dir als Reminder in die Tasche stecken.

Gebet:
Gott, du nimmst mich immer so, wie ich bin.
Ich liege dir am Herzen.
Ich muss nichts beweisen.
Du ermutigst mich, mit mir achtsam zu sein.
Heute habe ich ... gebraucht und habe etwas für mich getan.
Danke, dass du mich daran erinnerst,
so kann ich mitten im vollen Alltag Kraft tanken.
Amen.

⭐ 13 Fuck up Night

Ich aber dachte: »Vergeblich habe ich mich abgemüht, für nichts und wieder nichts meine Kraft vergeudet. Dennoch weiß ich, dass der HERR für mein Recht sorgt, von ihm, meinem Gott, erhalte ich meinen Lohn.«
→ *Jesaja 49,4*

Vielleicht kennst du den Spruch: »Hinfallen, aufstehen, Krönchen richten und weitergehen.« Aber so einfach ist das nicht. Man kann nicht immer gleich wieder aufstehen oder weitergehen, wenn etwas schiefläuft. Manchmal braucht es Zeit oder einfach ein paar Menschen, mit denen man über alles reden kann.

#Challenge

Triff dich mit ein paar Freundinnen oder Freunden und erzählt euch gegenseitig eure größten Scheiter-Storys. Vielleicht bist du schon mal an einer Beziehung gescheitert, vielleicht an Mathe oder Deutsch, an einer Prüfung, vielleicht an einem handwerklichen Projekt oder sonst einer Aufgabe.
Scheitern musst du nicht verstecken oder unter den Teppich kehren. Aus deinem Scheitern und aus dem Scheitern anderer könnt ihr gegenseitig lernen oder zumindest erfahren, dass bei anderen auch nicht immer alles klappt.

Gebet:
Gott, auch wenn immer mal wieder was schiefgeht:
Du nimmst mich so, wie ich bin, du hältst immer zu mir.
Wenn etwas schiefläuft, setzt du mir die Krone wieder auf
und zeigst mir, dass ich dein geliebtes Kind bin.
Danke, dass du mir so viel zutraust.
Amen.

 # 14 Mutausbruch

Seid wachsam und steht fest im Glauben! Seid entschlossen und stark!
→ *1. Korinther 16,13*

Wer seinen Glauben offen zeigt und zu Jesus steht, liegt heute quer zum Mainstream. Mutig zu etwas zu stehen, was viele nicht nachvollziehen können oder für andere fremd wirkt, ist nicht einfach.
Sicher hast du deine eigene Art zu glauben. Dein Glaube kann dich ermutigen, mehr zu schaffen, als du dir selbst zutraust. Gott gibt dir Kraft für die Dinge, die anstehen. Vielleicht kannst du das ab und an spüren.

#Challenge

Wo hast du bereits all deinen Mut zusammengenommen und etwas Neues ausprobiert oder etwas geschafft, das du dich nicht sofort getraut hast? Kreuze es an.

Etwas bestellt, das du nicht kanntest		Urlaub ohne Eltern gemacht		Mit Freunden über Glauben gesprochen	
In einer Kirche geschlafen		Insekten gegessen		Einen Fallschirmsprung gemacht	
Deine Liebe gestanden		Vor vielen Leuten gesprochen		Vom 10er gesprungen	
Einen Song geschrieben		Eine Spinne gehalten		Eine neue Sportart ausprobiert	
Ein Kloster besucht		Eine Kuh gemolken		Deine Meinung gesagt	
An einer Demo teilgenommen		Zivilcourage gezeigt		Ein Bewerbungsgespräch gemeistert	

Gehe jetzt in eine Eisdiele und probiere eine Sorte aus, die du noch nie zuvor gegessen hast.

Lass es dir ganz bewusst schmecken und wenn du willst, unterhalte dich dabei mit Gott:

Gebet:

Heute bin ich mutig, Gott,
ich probiere etwas aus, das ich nicht kenne.
Mein Glaube an dich stellt mich manchmal vor Herausforderungen.
Ich habe schon vieles gewagt und geschafft.
Bitte gib mir immer wieder Mut, um Neues auszuprobieren
und Herausforderungen zu wagen.
Amen.

⭐ 15 Lass es raus!

(Mach diese Challenge, wenn du richtig wütend bist.)

Hass führt zu Streit, aber Liebe sieht über Fehler hinweg.
→ *Sprüche 10,12*

Salomo war ein Mann, der Sprüche gesammelt hat. Seine alt-orientalischen Sprüche sollen uns helfen, *überlegt* zu handeln.
Hass und Wut sind von sich aus nicht schlecht. Gefühle auszudrücken tut manchmal gut. Aber bei der Wut stehen zu bleiben, bringt uns nicht weiter. Manchmal muss sie einfach raus. Danach können wir das eigene Tun leichter überdenken und liebevoller handeln.

#Challenge

Lass deine ganze Wut raus. Schreib all das, was dich wütend macht, auf diese Seite, kreuz und QUER, wild DUrchEinaNder. Denk nicht zu viel dabei. Das, was dir in den Sinn kommt, das schreibe auf. Danach lies das unten stehende Gebet, reiß die Seite aus, knüll sie zusammen und wirf sie in den Papierkorb.

Gebet:
Gott, ich bin so wütend.
Nichts gelingt. Ich fühle mich ungerecht behandelt.
Ob es dich gibt, weiß ich auch nicht.
Die Welt ist ungerecht.
Ich bin einfach nur sauer.
Bitte hilf mir, dass ich in all dem einen Sinn entdecke,
und zeige mir, was ich ändern muss, damit es weitergeht.
Amen.

 # 16 Quality Time

Lasst uns also nicht müde werden, Gutes zu tun. Es wird eine Zeit kommen, in der wir eine reiche Ernte einbringen. Wir dürfen nur nicht vorher aufgeben!

→ *Galater 6,9*

Heute ist deine Zeit. Was würdest du tun, wenn du eine Stunde freie Zeit geschenkt bekommst? Sicher etwas, das dir guttut oder dir gefällt. Zeit kann man nutzen oder verstreichen lassen. Heute darfst du die Zeit nutzen, um Gutes zu tun, um in andere zu investieren. Vielleicht passt der Satz aus dem Brief an die Galater, und du erhältst plötzlich auch selbst einen Nutzen davon. Lass dich überraschen.

Challenge

Öffne dein Smartphone und schau, wie viel Zeit du durchschnittlich am Bildschirm verbringst. Nimm genau diese Zeitspanne, um sie für etwas Sinnvolles zu nutzen. Verbring quasi einen bildschirmfreien Tag. Frag jemanden, wie du ihm für diese Zeitspanne helfen kannst. Halte deine Erfahrungen auf dem Notizzettel fest.

60 Sekunden Gebet:
Heute gibt es kein fertiges Gebet.
Versuch eine Minute lang zu beten. Stell dir den Timer und leg los.
Vielleicht helfen dir Stichworte wie: Zeit, Geduld, dankbar, vermissen ...

...

Amen.

Meine Bildschirmzeit:

Meine Erfahrungen:

Lebenslanges Lernen

Du sprichst zu mir: »Ich will dich lehren und dir den Weg zeigen, den du gehen sollst; ich berate dich, nie verliere ich dich aus den Augen.«
→ *Psalm 32,8*

Nicht nur als Kind lernt man jeden Tag dazu, auch als Jugendliche oder Erwachsene gilt es, täglich Neues zu lernen. Je älter wir werden, desto mehr können wir, aber auch desto komplexer wird die Welt. Lernen in der Schule ist manchmal mühsam. Wenn wir uns aussuchen können, was uns interessiert oder was wir können wollen, lernen wir leichter.

#Challenge

Such für heute eine Sache, die du neu lernen willst. Das kann eine sportliche Betätigung wie Skateboardfahren, das Kochen eines neuen Gerichts, eine neue Verkehrssituation in der Fahrschule, ein Akkord auf der Gitarre, das Zehnfingersystem oder eine interessante Sache auf einem Wissensportal sein. Schreibe das neu Gelernte auf den Notizzettel.

Gebet:
Gott, du schenkst mir jeden Tag neue Möglichkeiten zu lernen.
Bei Problemen schickst du mir Menschen, die mich unterstützen,
die mir helfen, damit ich mich weiterentwickeln kann.
So zeigst du mir, dass du mich nicht aus den Augen verlierst.
Danke dafür.
Amen.

Das habe ich gelernt:

⭐ 18 Krimi, Manga, Roman

So kam Jesus auch nach Nazareth, wo er aufgewachsen war. Am Sabbat ging er wie gewohnt in die Synagoge. Als er aufstand, um aus der Heiligen Schrift vorzulesen, reichte man ihm die Schriftrolle des Propheten Jesaja.

→ *Lukas 4,16–17*

Warst du schon einmal bei einer Buchlesung? Da kommt die Autorin oder der Autor und liest persönlich aus einem neuen Buch vor. Manchmal gibt's das auch online. Das Buch kommt dann ganz anders rüber, als wenn man es selbst liest. Jesus liest aus dem Buch des Propheten Jesaja, und die Leute hören aufmerksam zu. So wird Gottes Wort noch spannender.

#Challenge

Lass dir von jemandem ein Buch »reichen«, also empfehlen, und lies es in der folgenden Woche durch. Vielleicht ist es ein Genre oder ein Titel, den du selbst nie ausgesucht hättest. Sicher kannst du daraus etwas mitnehmen. Notiere anschließend auf dem Notizzettel ein Zitat, das du dir gemerkt hast.

Gebet:
Gott, beim Lesen des Buches bin ich bei dem Satz hängen geblieben:
...
Mir ist daran wichtig, ...
Dieser Satz kann mich durch den Alltag begleiten.
Amen.

Buchtipp:

Zitat:

 **Danke**

Freut euch zu jeder Zeit! Dankt Gott, ganz gleich wie eure Lebens-
umstände auch sein mögen.

→ *1. Thessalonicher 5,16.18*

Dankbare Menschen leben gesünder. Das sagen Studien. Doch Dank
sollte von beiden Seiten kommen. Einerseits dürfen wir dankbar sein und
andererseits tut es gut, auch selbst ein Dankeschön zu erhalten. Wann
hat sich das letzte Mal jemand bei dir bedankt?

#Challenge

Nutze den Tag und sag heute mindestens fünfmal Danke:

Danke dem Kassierer im Supermarkt.
Danke deiner Trainerin.
Danke, dass die Klassenarbeit gut lief.
Danke, dass du etwas zu essen hast.
Danke einem guten Freund, der für dich da ist.
...

Gebet:
Danke.
Gott, heute sage ich dir einfach mal
aus ganzem Herzen DANKE.
Amen.

Mit offenen Augen durch die Welt

Bald ging Hagar und ihrem Sohn das Wasser aus. Aber Gott hörte den Jungen schreien und sagte zu Hagar: »Hab keine Angst. Geh zu ihm und hilf ihm auf.« Dann ließ Gott sie einen Brunnen sehen. Sie füllte ihren Ledersack mit Wasser und gab ihrem Sohn zu trinken.

→ *Vgl. 1. Mose 21,15–19*

Hagar ist verzweifelt. Sie hat Angst um sich und ihren Sohn. Zunächst denkt sie, es gehe zu Ende. Sie sieht keinen Ausweg. Doch Gott vergisst sie nicht. Er zeigt ihr einen Brunnen, den sie vermutlich einfach übersehen hat.

#Challenge

Manchmal laufen wir wie mit geschlossenen Augen durch die Welt. Vielleicht, weil wir meinen, die Strecke zu kennen. Versuch, heute genau auf deine Umgebung zu achten, und entdecke gemeinsam mit Freunden auf dem Schulweg (oder einer anderen Strecke) fünf neue Dinge, die du bisher noch nicht gesehen hast. Erzählt euch gegenseitig von dem, was ihr entdeckt.

Gebet:

Gott, heute möchte ich
- *meine Sonnenbrille abnehmen,*
  damit ich deutlicher sehen kann,
- *die Airpods aus den Ohren nehmen,*
  um Unerwartetes zu hören,
- *und die Hände aus den Taschen,*
  damit ich Neues anpacken kann.

Amen.

 21 ⭐ Spirit — dein Proteinriegel

Denn der Geist, den Gott uns gegeben hat, macht uns nicht zaghaft, sondern er erfüllt uns mit Kraft, Liebe und Besonnenheit.
→ *2. Timotheus 1,7*

Ausdauer und Stärke, Durchhaltevermögen und Belastbarkeit – wer wünscht sich das nicht? Wer ständig gefordert und täglich unterschiedlichstem Druck ausgesetzt ist, wer hohen Erwartungen gerecht werden muss, braucht einen Energielieferanten. Bei vielen Sportlern ist das ein Proteinriegel. So wie ein Proteinriegel kannst du auch deinen Glauben und Gottes Geist überallhin mitnehmen und als Energielieferant einsetzen. Probier es in dieser Challenge mal aus.

#**Challenge**

Achtung, jetzt wird es sportlich. Für diese Challenge brauchst du:

✦ Drei kleine Pappkartons (mind. A5), auf die du jeweils einen Teil des unten stehenden Gebets schreibst.

✦ Setz dich auf den Boden und stell die Kartons in die Nähe deiner Füße. Leg dich nun auf den Rücken.

✦ Versuche dann, die drei Pappkartons nacheinander mit deinen Füßen aufzunehmen und neben oder hinter dir abzustellen. Bete während der Übung nach und nach das Gebet auf den Kartons.

Gebet:
*Gott, ich danke dir für meinen Körper und
für die Energie, die in mir steckt.
Lass mich meine Grenzen achten und gib mir
Power, wenn ich nicht mehr kann.
Danke, dass mich dein Geist heute in Bewegung
bringt.
Amen.*

⭐ 22 Verzeihen

Seid vielmehr freundlich und barmherzig und vergebt einander, so wie Gott euch durch Jesus Christus vergeben hat.

→ *Epheser 4,32*

Hast du schon einmal jemanden angelogen?

Bist du über eine rote Ampel gelaufen?

Warst du von jemandem richtig genervt?

Hast du in der Klassenarbeit abgeschrieben oder schon mal etwas geklaut?

Wir alle machen Fehler, und wo Menschen zusammenkommen, gibt es unterschiedliche Meinungen. Schwierig ist es, Dinge zuzugeben oder zu einem Fehler zu stehen.

Wer zu seinen Fehlern steht, kommt aber weiter, kann zum Beispiel etwas wiedergutmachen und sich bessern.

#Challenge

Manchmal hilft es, in solchen Situationen mit Gott zu reden und als Zeichen, dass uns die Situation beschäftigt, eine Kerze in einer Kirche anzuzünden.

Besuch heute eine Kirche und zünde eine Kerze für eine Sache an, die du wiedergutmachen willst oder die dich im Moment beschäftigt.

Bete dazu, wenn du magst, das folgende Gebet:

Gebet:

Gott, ich weiß, dass nicht alles in meinem Leben gut läuft.

Aber ich weiß auch, dass du nicht nachtragend bist.

Im Gegenteil, du ermutigst mich: »Gib nicht auf!«

Ich will versuchen, den gleichen Fehler nicht noch einmal zu machen.

Hilf mir dabei, zu meinem Fehler zu stehen.

Amen.

23 Nachfolger:in

Als Jesus weiterging, sah er einen Mann am Zoll sitzen. Er hieß Matthäus. Jesus forderte ihn auf: »Komm, folge mir nach!« Sofort stand Matthäus auf und ging mit ihm.

→ *Matthäus 9,9*

Wem folgst du nach?
Vermutlich wirst du dir diese Frage so nicht stellen. Aber vielleicht kannst du diese Fragen beantworten:
Wer ist dein Vorbild?
Wem folgst du auf Social Media?
Und was macht diese Menschen aus?
Sicher fallen dir als Antwort Menschen ein, die du magst und mit denen du dich aus irgendeinem Grund (eng) verbunden fühlst.
Jesus geht bewusst auf einen Zöllner zu, der bei den Menschen nicht gerade beliebt ist. Er macht uns vor, dass es sich lohnt, auf verschiedene Menschen zuzugehen. Wer Jesus nachfolgt, grenzt nicht aus.

#Challenge

Hast du den Mut, Jesus zu folgen? Wenn ja:
Schau dir die Anleitung rechts an und falte ein Herz aus Papier. Schreib auf das Herz einen schönen Gedanken, eine Idee, ein positives Wort und verschenke es an eine Person, die dein Vorbild ist.

Anleitung Papier-Herz

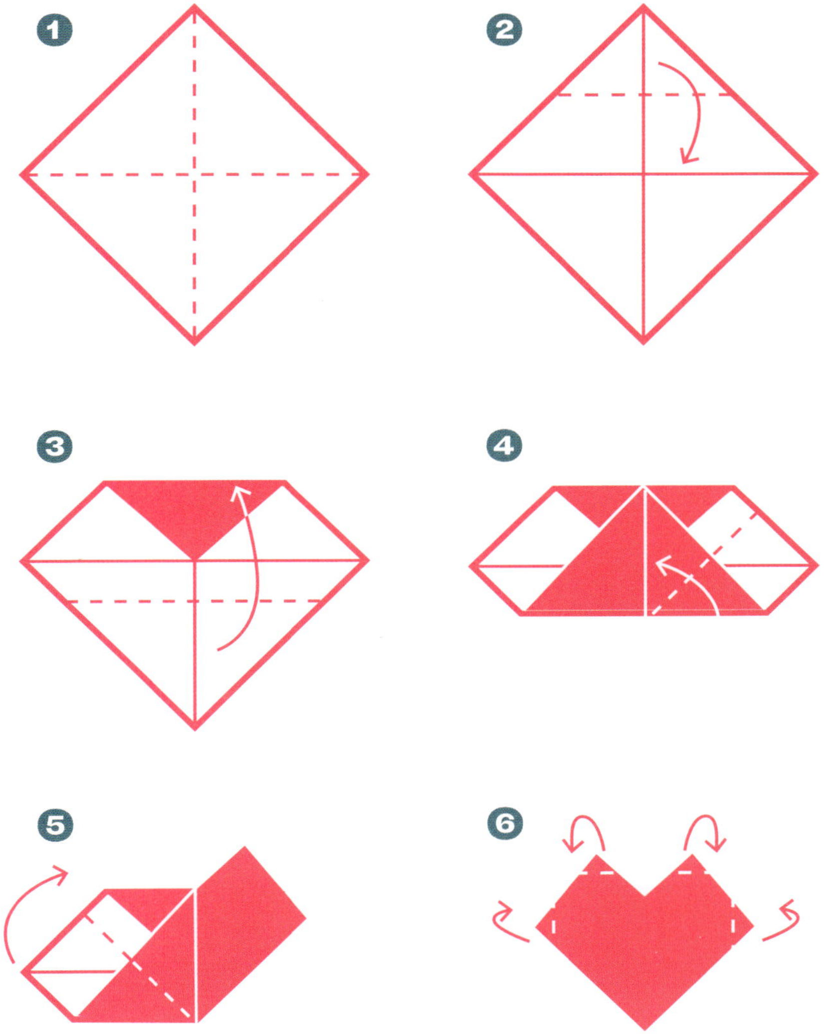

1

2

3

4

5

6

Gebet:

Jesus, egal wie mein gefaltetes Herz aussieht, der gute Wille zählt.
Auf jeden Fall hoffe ich, dass ich das Herz am rechten Fleck habe.
Lass mich die Geschichten, die Menschen mit dir erlebt haben, zum Vorbild nehmen
und so anderen zeigen, dass du es gut mit uns meinst.
Amen.

Mein ruhiger Sonntag (Datum):

Erfahrungen:

⭐ 24 Endlich Ruhe

Am siebten Tag hatte Gott sein Werk vollendet und ruhte von seiner Arbeit. Darum segnete er den siebten Tag und sagte: »Dies ist ein ganz besonderer, heiliger Tag! Er gehört mir.«

→ *1. Mose 2,2–3*

Der siebte Tag ist bei uns Christen der Sonntag, bei den Juden der Samstag, der Sabbat. Früher war dieser Tag ein Tag der Ruhe und Erholung. Bei strenggläubigen Juden ist er das immer noch. An diesem Tag wird nicht gearbeitet, gekocht, Auto gefahren oder ferngesehen. Arbeit ist im Judentum so definiert, dass sie eine neue Situation schafft, die vorher so nicht da war.

#Challenge

Such dir einen Sonntag aus, an dem du versuchst, nur so viel wie nötig zu machen und auf schnelle Dinge zu verzichten: kein Fahrradfahren, kein Fastfood, keine Hausaufgaben oder Erledigungen in letzter Sekunde, keine Party ... Mach auch eine Social-Media-Pause.

Es geht darum, Stille und Ruhe zu genießen, vielleicht sogar auszuhalten. Besuche einen Gottesdienst oder gestalte ein Band, von dem im folgenden Gebet die Rede ist. Halte deine Erfahrungen auf dem Notizzettel fest.

Altes jüdisches Gebet aus der Bibel (5. Mose 6,4–8):
Hört, ihr Israeliten!
Der HERR ist unser Gott, der HERR allein.
Ihr sollt ihn von ganzem Herzen lieben, mit ganzer Hingabe und mit all eurer Kraft.
Bewahrt die Worte im Herzen, die ich euch heute sage!
Redet immer und überall davon, ob ihr zu Hause oder unterwegs seid,
ob ihr euch schlafen legt oder aufsteht.
Schreibt euch diese Worte zur Erinnerung auf ein Band
und bindet es um die Hand und die Stirn!

⭐ 25 Jesus, der Ermöglicher

Jesus antwortete: »Was für Menschen unmöglich ist, ist für Gott möglich.«
→ *Lukas 18,27*

Gott sind keine Grenzen gesetzt. Das ist unser Glaube. Aber wir Menschen haben Grenzen: Wir können nicht fliegen, übers Wasser gehen, auf Kommando von einer Sekunde auf die andere Menschen gesund machen, (noch nicht) beamen oder eine Eins in Mathe zaubern. Okay, vielleicht fällt dir Mathe leicht, aber dann hast du deine Grenzen sicher woanders.

Ersetz mal im obigen Bibelvers das zweite »für« durch »mit«: Was für Menschen unmöglich ist, ist mit Gott möglich. Mit Gott können wir mehr erreichen, heißt das dann. Mit diesem Satz will Jesus uns ermutigen, nicht gleich aufzugeben oder pessimistisch durch die Welt zu gehen. Mit Gott wird vielleicht das Unmögliche möglich.

#Challenge

Geh heute als »Ermöglicher:in« durch die Welt. Verwende kein einziges Mal das Wort »NEIN«. Wenn du an deine Grenzen kommst und das »Nein« unumgänglich scheint, frag Gott um Hilfe und binde ihn durch das Gebet rechts in deine Challenge ein. Informiere dein Umfeld über deine Challenge, damit es dich auf mögliche »Neins« hinweisen kann. Vielleicht gibt es auch einen Wetteinsatz. Etwas, das du tun wirst, wenn dir die Challenge nicht gelingt. Das könnte etwas sein, das du nicht so gerne machst. Schreibe auf den Notizzettel, was du heute ermöglicht hast.

Gebet:

Jesus, ich komme an meine Grenzen.

Gerade weiß ich nicht mehr weiter.

Du sagst: »Was für Menschen unmöglich ist, ist mit Gott möglich.«

Kannst du mir helfen?

(Beschreibe, wobei Gott dir in diesem Moment helfen soll.)

Amen.

Das habe ich heute ermöglicht:

Die Hütte

Wenn es jemandem von euch an Weisheit mangelt zu entscheiden, was in einer bestimmten Angelegenheit zu tun ist, soll er Gott darum bitten, und Gott wird sie ihm geben. Ihr wisst doch, dass er niemandem sein Unvermögen vorwirft und dass er alle reich beschenkt.

→ *Vgl. Jakobus 1,5*

Das sind Worte, die wir nicht gleich unterschreiben können. Oder machst du häufig die Erfahrung, dass man Gott einfach bittet und er dann weiterhilft? Oder dass wir ständig reich beschenkt werden? Und doch lohnt es sich, mit Gott unterwegs zu sein und sich mit diesen Fragen und Unstimmigkeiten auseinanderzusetzen.

#Challenge

Schau dir mit Freunden und Freundinnen den Film »Die Hütte« (ab 12 Jahren, Filmdauer 128 min) an. Der Film ist zwar etwas länger, aber er ist spannend und handelt von Themen wie Liebe, Vergebung, Trauer, Verzeihen und Verzweiflung. Nehmt euch danach Zeit, um über den Film zu sprechen und die folgenden Fragen zu beantworten:

✦ Die Hauptperson Mack läuft gemeinsam mit Jesus über das Wasser. In welcher Situation hättest du gerne Jesus an deiner Seite, um etwas Unmögliches, Schwieriges oder Trauriges zu meistern?

✦ Mack begegnet Gott in seiner dreifachen Gestalt: als Vater (liebenswerte afroamerikanische Frau), als Sohn Jesus (ein junger arabischer Mann) und als Heiliger Geist (eine junge asiatische Frau). Wie würdest du Gott, Jesus und den Heiligen Geist beschreiben?

✦ Würdest du als Mack deinem Vater vergeben können? Wann hast du das letzte Mal jemandem vergeben?

✦ Wo ist Gott, wenn unschuldige Menschen leiden?

✦ Welche Fragen kommen dir noch zu dem Film?

Wenn du möchtest, notiere deine Antworten auf dem Notizzettel.

Diese Antworten möchte ich festhalten:

Gebet:

Gott, danke, dass wir hier gemeinsam sitzen und einen Film schauen können.

Jeden Tag beschäftigen uns Themen wie Liebe, Vergebung, Trauer, Verzeihen und Verzweiflung.

Danke, dass wir Menschen um uns herum haben, mit denen wir diese Themen besprechen können, denen wir Fragen stellen können und mit denen wir gemeinsam nach Antworten suchen dürfen.

Amen.

Holy Shit

Gott hat euch schließlich dazu berufen, ganz zu ihm zu gehören. Nach ihm richtet euer Leben aus! Genau das meint Gott, wenn er sagt: »Ihr sollt heilig sein, denn ich bin heilig.«

→ *1. Petrus 1,15–16*

In der Bibel finden wir viele unterschiedliche Personen, die von ihren Begegnungen mit Gott erzählen. Oben liest du zum Beispiel ein Zitat des Apostels Petrus. Und du kennst sicher noch viele andere Menschen, die wir heute als Heilige bezeichnen, Menschen, die durch ihren besonderen christlichen Lebensstil versucht haben, heilig zu sein, Gutes zu tun, Menschen zu helfen oder einfach von Gott zu erzählen.

#Challenge

Wir laden dich zu einem Battle ein! Spiel mit deinen Freunden »Holy Shit-Stadt, Land, Fluss«. Nutzt folgende Kategorien: Beruf aus der Bibel, heilige Person, Begriff aus der Kirche, Serie, Held aus der Bibel, Song über Liebe. Für jeden passenden Begriff gibt es 10 Punkte. Wird der Begriff doppelt genannt, gibt es nur 5 Punkte. Wurde kein Begriff gefunden, gibt es natürlich keine Punkte für diese Kategorie.
Spielt 5 Runden und wertet anschließend aus. Viel Spaß!
Falls dir mal nichts einfallen sollte oder du sonst etwas verloren hast, versuch es doch mal mit einem Gebet zum heiligen Antonius. Er ist der Heilige, den man anfragt, wenn man etwas verloren hat. ☺

Gebet:

Heiliger Antonius, ich weiß gerade einfach nicht, wo ich ... abgelegt habe.
Unzählige Menschen haben ihren Glauben verloren.
Die Leute erzählen, dass du ihnen geholfen hast.
Ich beschäftige mich aktuell sehr viel mit meinem Glauben.
Ich bitte dich, begleite mich auf meinem Weg und hilf mir, zu glauben.
Amen.

Beruf aus der Bibel	heilige Person	Begriff aus der Kirche	Serie	Held aus der Bibel	Song über Liebe	Punkte
Winzer	Wolfgang	Weihwasser	Die Wache	Wanja	Where is the love	

⭐ 28 The Story of my Life

Am Anfang war das Wort. Das Wort war bei Gott, und das Wort war Gott selbst.

→ *Johannes 1,1*

Für Christinnen und Christen ist die Bibel Gottes Wort. Die Worte und Geschichten, die wir in der Bibel lesen, will Gott an uns weitergeben. Deshalb können diese Worte auch Gefühle und Emotionen in uns erzeugen. Oft passiert es, dass so ein Satz der Bibel genau in unser Leben passt.

#Challenge

Welches ist eure Lieblingsgeschichte aus der Bibel? Tauscht euch kurz darüber aus. Sucht euch nun eine Geschichte aus der Bibel, die ihr alle kennt. Gestaltet ein Standbild dazu, macht ein Foto davon und postet es in eurer Story auf Social Media oder in eurem Messenger-Status (denkt an den Datenschutz). Lasst andere raten, um welche Geschichte es sich handelt.

Gebet:
Gott, wir haben uns die Geschichte ... aus der Bibel ausgesucht, weil ...
Auch du schreibst mit uns Geschichten, Geschichten unseres Lebens.
Eine Sache, an die wir uns gerne erinnern, ist ...
Danke, dass wir diese Momente erleben durften.
Amen.

Lieblingsgeschichte aus der Bibel

⭐ 29 Glaubst du alles?

Sofort streckte Jesus ihm die Hand entgegen, hielt ihn fest und sagte:
»Vertraust du mir so wenig, Petrus? Warum hast du gezweifelt?«
→ *Matthäus 14,31*

Heißt zweifeln kein Vertrauen zu haben? Vermutlich gibt es immer Momente, in denen man trotz Vertrauen zweifelt. Wir wissen eben nicht hundertprozentig, ob es Gott gibt, daher sind Zweifel völlig normal.

#Challenge

Diese Challenge ist richtig schwer. Besuch einen Gottesdienst und frag vorher die gottesdienstleitende Person, ob du im Gottesdienst eine Frage stellen darfst. Dann frage, wie die Gottesdienstleitenden mit Zweifel umgehen.

Deine Frage und die Antwort darfst du gerne auf dem Notizzettel notieren.

Gebet:
Gott, manchmal glaube ich und manchmal habe ich dann doch Zweifel an dir.
Glauben ist nicht einfach.
Aber schön ist, dass andere auch zweifeln.
Amen.

Meine Frage für den Gottesdienst:

Antwort:

⭐ 30 Was erwartet uns?

Dann sah ich einen neuen Himmel und eine neue Erde. Denn der vorige Himmel und die vorige Erde waren vergangen, und auch das Meer war nicht mehr da.

→ *Offenbarung 21,1*

Die Vorstellung von einem Leben nach dem Tod ist vermutlich fast so alt wie die Menschheit selbst. Schon die alten Ägypter hatten Gegenstände mit ins Grab gelegt, damit es die verstorbene Person im Jenseits gut hat. Aber wie sieht so ein Leben nach dem Tod aus? Können dir Bilder wie »Paradies«, »ein neues Leben«, »Himmel« oder »der absolute Lieblingsplatz« helfen, an ein Leben nach dem Tod zu glauben? Glaubst du an Wiedergeburt oder an Auferstehung?

Challenge

Macht heute gemeinsam einen Spaziergang über den örtlichen Friedhof. Welche Gedanken kommen euch?

Danach geht zum örtlichen Bestatter/zur örtlichen Bestatterin und stellt ihm/ihr folgende Frage: »Wie stellen Sie sich die Zeit nach dem Tod vor? Spielen bei Ihnen Begriffe wie ›Ewigkeit‹ oder ›Gott‹ eine Rolle?« Tauscht euch danach über eure eigenen Vorstellungen aus.

Gebet:
Gott, Ewigkeit ist für mich ...
Heute bin ich an Grabsteinen und Kreuzen vorbeigelaufen.
Wo sind diese Menschen, die auf dem Friedhof ruhen, jetzt?
Gerne würde ich dem, was nach dem Tod kommt, ein bisschen mehr auf die Spur kommen.
Kannst du mir dabei helfen?
Amen.

Reiseziel Himmel

Ich werde dir die Schlüssel zu Gottes himmlischem Reich geben. Was du auf der Erde binden wirst, das soll auch im Himmel gebunden sein. Und was du auf der Erde lösen wirst, das soll auch im Himmel gelöst sein.
→ *Matthäus 16,19*

Was passiert nach dem Tod? »Wir kommen in den Himmel!«, glauben viele Menschen. Andere bezweifeln, dass nach dem Tod noch irgendetwas kommt. In der Bibel finden wir einige Hinweise, die andeuten, wie es im »Himmel« sein könnte. Alles deutet auf etwas Schönes, Positives, etwas »Himmlisches« hin. Viele wünschen sich, dass sie geliebte Menschen wieder treffen werden, Freundschaften dort weitergehen und es dort keine Ungerechtigkeiten, Krankheiten und Schmerzen mehr gibt.

Challenge

Stell dir vor, Gott drückt dir eine VR-Brille als Schlüssel in die Hand und du darfst einen exklusiven Blick in den Himmel werfen. Was siehst du? Was erwartet dich? Meterlanges Buffet, Abenteuerurlaub, Wellnessbereich, Partymeile, Dunkelheit, Schwerelosigkeit … Welche Menschen kannst du sehen? Welche Gefühle kommen in dir auf?
Schreibe ein paar Gedanken auf den Notizzettel.

Gebet:
Gott, ich habe keine Ahnung, ob es den Himmel wirklich gibt und ob du dort bist.
Ich bin noch jung.
Der Himmel ist für mich so weit weg.
Ich hoffe, dass die Menschen, die schon gestorben sind,
an einem Ort sind, wo es ihnen richtig gut geht.
Amen.

Meine Gedanken zum Himmel:

32 Glaubst du noch oder schwankst du schon?

Durch unseren Glauben verstehen wir, dass die ganze Welt durch Gottes Wort geschaffen wurde, dass alles Sichtbare aus Unsichtbarem entstanden ist.

→ *Hebräer 11,3*

»Du hältst noch zur Kirche?« – »Du glaubst wirklich an Gott?« – »Du bist Christin? Dann glaubst du wahrscheinlich auch noch, dass die Welt in 7 Tagen erschaffen wurde, oder?« – »Glauben, das kann ich noch, wenn ich alt bin!« – »Gott, Kirche, Glaube – das ist doch alles Quatsch!« Vielleicht hast du einen dieser Sätze selbst schon einmal gehört. Das kann ganz schön verunsichern. Der Vers aus dem Brief an die Hebräer zeigt, dass vieles im Glauben nicht sichtbar oder greifbar ist. Doch wenn Gott einfach so neben uns stehen würde wie ein Freund, dann müssten wir nicht mehr an ihn glauben. Dann wäre Gott Realität. Im Hebräerbrief heißt es vorher: »Glaube ist ein Nichtzweifeln an dem, was man nicht sieht.« *(vgl. Hebräer 11,1)*. Glaube sieht also die Welt mit anderen Augen, aus einer anderen Perspektive.

#Challenge

Nimm eine Bibel und eine leere Postkarte zur Hand. Steck die Postkarte irgendwo in die hintere Hälfte der Bibel (Neues Testament) und schlag dann genau diese Seite auf. Lies sie aufmerksam durch.
Welcher Satz ergibt für dich Sinn?
Welche Worte, die du gelesen hast, glaubst du?
Gibt es einen Satz, der dich hoffen lässt?
Nimm nun die leere Postkarte und schreibe die Worte oder Sätze, die dich besonders ansprechen, in unterschiedlichen Schriftgrößen und -arten auf die Karte. Gestalte sie mit Farben, Stempeln, Stickern oder sonstigen Materialien.
Unter **www.bibleartjournaling.de** findest du viele tolle Ideen.

Wenn du willst, kannst du die Challenge auch ausweiten und direkt in deine persönliche Bibel malen. Unterstreiche, was dir wichtig ist, oder hebe es anderweitig hervor.

Gebet:

Gott, heute habe ich einige Worte gelesen, die mich hoffen lassen, und Worte, die ich nicht glauben kann.
Nicht alles, was schwarz auf weiß geschrieben steht, ergibt Sinn.
Lass mich Sinn finden im Glauben.
Wie auch immer du aussiehst, wie auch immer du in Wirklichkeit bist:
wir können dich nicht direkt sehen, aber wir können dich spüren und fühlen.
Danke, dass ich durch deine Worte immer wieder mehr über dich erfahre.
Amen.

33 Träum dir dein Leben

Über Nacht blieb Salomo in Gibeon. Da erschien ihm der HERR im Traum. »Erbitte von mir, was du willst!«, sagte Gott zu ihm.
→ *1. Könige 3,5*

Die Traumforschung sagt: Alle Menschen träumen, manche mehr, manche weniger. Erinnerst du dich an deine Träume? Einige Träume sind hilfreich, andere Träume gehen vielleicht nie zu Ende.
Gott hat König Salomo damals nicht einfach gegeben, was ER für richtig hält, sondern nachgefragt. Er zeigt uns damit, dass er uns Menschen und unsere Wünsche ernst nimmt. Wir dürfen selbst bestimmen. Gott stülpt uns nichts über. Er will Teil unseres Lebens sein, aber nicht darüber bestimmen. Gott fragt jetzt auch dich: Was hast du mit deinem Leben vor? Was brauchst du?

#Challenge

Träume gibt es nicht nur im Schlaf, sondern auch als Idee der Zukunft. Wie stellst du dir dein Leben in 10 Jahren vor? Wobei kann Gott dir helfen? Was »erbittest« du von ihm?
Bring deine Träume und Visionen dazu in Form von Stichworten, Bildern, Grafiken oder einer Collage auf Papier.

Du benötigst:

✦ Papier A 4 oder A5 (oder du nutzt den Platz auf der rechten Seite)

✦ Washi Tape

✦ Sticker oder alte Prospekte und Magazine, alternativ kannst du dir auch auf Pinterest eine Pinnwand erstellen und die Bilder dann ausdrucken

✦ Stifte, Schere und Kleber

Gebet:

Gott, ich träume.

Ich träume von ...

Ich versuche, dich zu hören, deine Fragen und deine Ideen.

Lass mich durch meine Träume erfahren, was mir fehlt, wie es weitergeht
oder was mir guttun würde.

Ich bitte dich um ...

Und bin dankbar, dass du mich ernst nimmst und ich dir vertrauen darf.

Amen.

⭐ 34 Menschen, Kirche und Berufe

Wisst ihr nicht, dass ihr Gottes Tempel seid und dass Gottes Geist in eurer Mitte wohnt?
→ *1. Korinther 3,16*

Früher waren Tempel dazu da, dass Menschen sich treffen und mit Gott in Berührung kommen konnten. Heute treffen sich Christinnen und Christen in Kirchen. Natürlich kann eine Kirche auch nur ein baulich spannender Raum sein, aber Menschen bringen Leben in die Bude. Deshalb nutzt die schönste und größte Kirche nichts, wenn sich dort niemand trifft. Personen, die hauptberuflich in der Kirche arbeiten, versuchen Möglichkeiten zu schaffen, Menschen zusammenbringen. Sie helfen mit, damit Menschen leichter Gott begegnen, Glauben teilen und ihr Wissen zu Gott vertiefen können.

#Challenge

Such im Internet nach Hauptamtlichen in deiner Kirche, an deinem Wohnort. Such dir eine Person aus und frag sie für ein Interview an. Kommt miteinander über ihren Beruf, ihre Tätigkeit, ihren Glauben und ihre Lieblingsaktionen ins Gespräch.

Auf dem Notizzettel findest du Beispielfragen und Platz, um Antworten zu notieren.

Gebet:
Frag deine Interviewpartnerin/deinen Interviewpartner nach einem Lieblingsgebet. Wenn ihr möchtet, betet dieses gemeinsam.

✦ Was hat Sie motiviert, in der Kirche zu arbeiten?

✦ Welche Aufgaben fordern Sie in Ihrer Arbeit heraus?

✦ Was machen Sie besonders gerne?

✦ Welche weiteren Berufe gibt es in der Kirche?

✦ Welche Berufe glauben Sie, wird es in 20 Jahren in der Kirche noch geben? Welche braucht es neu?

✦ Was können Sie mir als junger Mensch in Sachen Glauben mitgeben?

✦ Was wünschen Sie sich von Ihrer Kirche in Zukunft?

35 Ohne viele Worte

Leiere nicht gedankenlos Gebete herunter wie Leute, die Gott nicht kennen. Sie meinen, sie würden bei Gott etwas erreichen, wenn sie nur viele Worte machen.

→ *Matthäus 6,7*

Vielleicht kennst du das Vaterunser oder ein Tischgebet. Texte, die wir auswendig kennen, leiern wir manchmal gedankenlos herunter. Dann wissen wir gar nicht, was wir da überhaupt sagen. Deshalb ist es gut, immer wieder mit eigenen, wenigen Worten zu beten. Beim Beten geht es aber nicht nur um dich und Gott, sondern auch deine Freunde oder andere Menschen dürfen darin vorkommen.

#Challenge

Wenn du möchtest, höre dir den Song »DANKE« von Sido an.
Jetzt nimm dein Smartphone und scrolle durch dein Adressbuch. Such aus dem Bildausschnitt, der zufällig stehen bleibt, eine Person aus, der du jetzt einen kurzen guten Wunsch schickst.
Mach das ganze drei Mal und überrasche so drei Personen mit einer liebevollen Nachricht. Schreib dir die drei Personen hier auf den Notizzettel und nenn sie im nachfolgenden Gebet.

Gebet:
Gott, heute bete ich für _____
Sie sind mir wichtig.
Ich bitte dich, begleite sie in den nächsten Tagen durch ihren Alltag.
Pass auf sie auf und lass sie spüren, dass ich an sie gedacht habe.
Amen.

Meine drei Personen:

 # 36 Taufe

Du zeigst mir den Weg, der zum Leben führt. Du beschenkst mich mit Freude, denn du bist bei mir; aus deiner Hand empfange ich unendliches Glück.

→ *Psalm 16,11*

Mit der Taufe werden wir aufgenommen in die Gemeinschaft der Christen und in eine christliche Kirche. Man sagt auch, wir werden zu »Kindern Gottes«. Taufe kann für Eltern Unterschiedliches heißen: das Kind unter den Schutz Gottes stellen, ein schönes Familienfest feiern, Kinder mit Gott in Berührung bringen (Sakrament), den gemeinsamen Weg ihrer Kinder mit Gott beginnen oder ihren Kindern Gemeinschaft ermöglichen.

#Challenge

Erkundige dich bei deinen Eltern, warum du getauft wurdest. Finde deinen Tauftag heraus und trag diesen und die Antworten deiner Eltern auf dem Notizzettel ein.
Finde heraus, wofür folgende Symbole stehen:
Wasser
Chrisam
Taufkerze

Gebet:
Gott, durch die Taufe bin ich mit dir in Berührung gekommen.
Manchmal habe ich mehr, manchmal weniger mit dir zu tun.
Ich danke dir, dass ich Menschen habe, die sich um mich sorgen,
denen ich wichtig bin und die mir das Gefühl geben, nicht alleine zu sein.
Amen.

Meine Eltern haben mich getauft, weil …

⭐ 37 Wegbegleiter:in

Mein lieber Freund! Du setzt dich sehr für die Geschwister ein – sogar für solche, die in eurer Gemeinde nur Gäste sind. Damit zeigst du, wie aufrichtig und treu du in deinem Glauben bist. Sie selbst haben uns vor der ganzen Gemeinde deine Liebe bestätigt.

→ *Vgl. 3. Johannes 1,5–6*

Dieser Vers stammt aus einem Brief des Johannes. Er beschreibt, dass Gemeindemitglieder Neulinge in den Glauben begleiten. Das entspricht dem Auftrag heutiger Paten. Deine Taufpaten haben damals bei deiner Taufe versprochen, dass sie dich gemeinsam mit Gott durch dein Leben begleiten wollen. Zusammen mit deinen Eltern haben sie zugesagt, dass du den Glauben kennenlernen wirst. Sie wollen dir helfen, diesen zu entdecken und zu erleben.

#Challenge

Unternimm etwas mit deiner Patin oder deinem Paten. Mach direkt einen Termin aus. Meistert die Challenge dann gemeinsam und kommt über euren Glauben ins Gespräch.
Diese sechs Themen sollen in eurem Gespräch eine Rolle spielen:

✦ Ein schönes Erlebnis, das ihr bereits zusammen erlebt habt

✦ Himmel

✦ Auferstehung

✦ Kraftquelle

✦ Wunsch

✦ Zukunft

Schreib den Gedanken oder Satz, der dir abends am meisten in Erinnerung geblieben ist, hier auf den Notizzettel.

Betet zum Abschluss gemeinsam.

Gebet:

Du: *Gott, wir hatten eine richtig schöne Zeit zusammen.*

Pate/Patin: *Wir haben schon viel zusammen erlebt, und ich bin dankbar, dass ich für _____ da sein kann.*

Du: *Hilf uns, dass wir zwischen all dem Austausch über Schule, Hobbys, Familie auch mal den Mut finden, mit dir ins Gespräch zu kommen, Fragen zu stellen und gemeinsam nach Antworten zu suchen.*

Pate/Patin: *Auch ich weiß nicht alles über dich, Gott. Lass uns mutig mit dir unterwegs sein.*

Gemeinsam: *Amen.*

Dieser Gedanke ist mir in

Erinnerung geblieben:

 ## 38 Chri- was!?

»Das ist er«, sagte der HERR zu Samuel, »salbe ihn!« Da nahm Samuel
das Horn mit dem Öl und goss es vor den Augen seiner Brüder über
Davids Kopf aus. Sogleich kam der Geist des HERRN über David und
verließ ihn von da an nicht mehr.

→ *1. Samuel 16,12–13*

In der Bibel lesen wir häufig davon, dass Könige gesalbt werden. Gesalbt
wurde mit Olivenöl, dem man Myrrhe und Zimt beigemischt hat. Später
wurde daraus Chrisam. Das ist altgriechisch und bedeutet übersetzt
»Salbung«. Die Salbung war das Zeichen dafür, dass Gott gegenwärtig
ist und den König in seinen Aufgaben unterstützt.
Auch bei der Firmung werden Jugendliche gesalbt. Dies soll zeigen,
dass der oder die Jugendliche etwas Besonderes ist. In dieser Handlung
steckt aber auch ein Auftrag. Ein König trägt Verantwortung und so soll
die Salbung bei der Firmung auch deutlich machen: »Du bist wichtig
für die Gemeinschaft. Übernimm Verantwortung! Du bist königlich und
liegst Gott besonders am Herzen.«

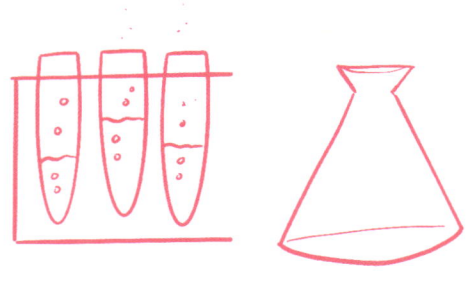

#**Challenge**

Öle können auch entspannend wirken, um in stressigen Situationen wieder einen klaren Gedanken zu fassen. Versuch mal, selbst Lavendelöl herzustellen.

So geht's:

✦ Nimm getrocknete Lavendelblüten (aus dem Garten oder Teeware aus der Drogerie).

✦ Fülle diese circa 1–2 cm hoch in ein Schraubglas (zum Beispiel ein ausgewaschenes Marmeladenglas).

✦ Bedecke die Blüten mit einem hochwertigen Speiseöl (zum Beispiel Olivenöl, Rapsöl).

✦ Verschließ das Glas gut.

✦ Nun brauchst du etwas Geduld. Lass das Öl ca. 4 Wochen an einem sonnigen Ort ziehen.

✦ Schüttle es alle 2–3 Tage.

✦ Nach 4 Wochen schütte das Öl durch ein feines Sieb.

✦ Fertig ist ein herrliches Lavendelöl. Lagere es an einem kühlen und dunklen Ort.

Gebet:
Gott, für dich sind wir alle Könige.
Wir sind einzigartig.
Durch die Taufe haben wir dich kennengelernt.
Durch die Firmung und Salbung mit Chrisam tragen wir Verantwortung.
Stärke uns für unseren Einsatz in der Schule, den Vereinen oder der Gemeinde.
Schenke uns den Mut, für andere da zu sein und einzustehen.
Amen.

⭐ 39 Turmbau

»Auf! Jetzt bauen wir uns eine Stadt mit einem Turm, dessen Spitze bis zum Himmel reicht!«, schrien sie. »Das macht uns berühmt. Wir werden nicht über die ganze Erde zerstreut, sondern der Turm hält uns zusammen!«

→ *1. Mose 11,4*

Türme sind eindrucksvoll. Auch heute noch. Warst du schon mal am schiefen Turm zu Pisa, auf dem Eiffelturm, Kölner Dom oder dem Berliner Fernsehturm? Wahnsinn, was Menschen da geleistet haben. Für die Menschen beim Turm in Babel war klar: Wer einen solch hohen Turm bauen kann, der ist angesehen. Deshalb muss er der höchste Turm im Umfeld sein.

Heute lautet die Devise: schneller, höher, weiter. Manchmal vergessen wir aber, dass das Risiko steigt. Unendlich hoch zu bauen geht vermutlich nicht. Denn ein hoher Turm kann schon beim kleinsten Fehler einstürzen. Die Geschichte vom Turmbau zu Babel will uns daran erinnern, dass wir eben nicht alles können müssen, dass wir auch mal zufrieden sein dürfen mit dem, was wir haben. Wir müssen nicht der oder die Beste sein. Gott nimmt uns so an, wie wir sind.

#Challenge

Lest die Geschichte vom Turmbau zu Babel. Ihr findet sie im ersten Buch Mose in Kapitel 11.
Versucht danach, mit Alltagsgegenständen, die ihr um euch herum findet, einen Turm zu bauen, der mindestens 2,00 m hoch ist.

Gebet:

*Vielleicht kennt ihr das Lied »**Keinen Tag soll es geben**« von Ruhama. Es ist schon einige Jahre alt, passt inhaltlich aber sehr gut zu dieser Challenge. Hier ein Ausschnitt:*

Gott, keinen Tag soll es geben, an dem ich sagen muss, niemand ist da, der mir die Hände reicht.

Keinen Tag soll es geben, an dem ich sagen muss, niemand ist da, der mit mir Wege geht.

Ich muss keine meterhohen Türme bauen, um gut dazustehen.

Dein Friede ist wichtiger und größer als alle Vernunft.

Gott, halte meinen Verstand wach und meine Hoffnung groß und stärke meine Liebe.

Amen.

40 Credo — believe — вірити — uważać — creer

Plötzlich kam vom Himmel her ein Brausen wie von einem gewaltigen Sturm und erfüllte das ganze Haus, in dem sie sich versammelt hatten. So wurden sie alle mit dem Heiligen Geist erfüllt und fingen an, in fremden Sprachen zu reden, alle so, wie der Geist es ihnen eingab.

→ *Vgl. Apostelgeschichte 2,2.4*

Der Heilige Geist sorgte dafür, dass die Botschaft von Jesu Auferstehung sich über Grenzen hinweg in vielen unterschiedlichen Sprachen ausbreiten konnte. Bei der Anzahl von Sprachen, die es gibt, hatte Gottes Geist ordentlich was zu tun, um sich verständlich zu machen. ☺ Heute helfen uns Übersetzungsprogramme. Bei vielen Dialekten kommt man damit aber nicht weiter. Vielleicht hast du schon mal »berlinerisch«, »alemannisch«, »sächsisch«, »bayrisch« oder »schwäbisch« gehört. Dialekte können Identität stiften und Heimat schenken. Wenn wir eine Sprache hören, die uns vertraut vorkommt, fühlen wir uns wohl. In welcher Glaubenssprache fühlst du dich wohl?

#Challenge

Komm mit Leuten (zum Beispiel deinen Großeltern) ins Gespräch und frag sie nach ihren Dialekten oder ihrer Muttersprache. Lass dir das Glaubensbekenntnis in einen Dialekt oder eine Muttersprache übersetzen und sprecht es gemeinsam.

Gebet / Glaubensbekenntnis:

Ich glaube an Gott, den Vater, den Allmächtigen,
den Schöpfer des Himmels und der Erde,
und an Jesus Christus, seinen eingeborenen Sohn, unsern Herrn,
empfangen durch den Heiligen Geist,
geboren von der Jungfrau Maria,
gelitten unter Pontius Pilatus,
gekreuzigt, gestorben und begraben,
hinabgestiegen in das Reich des Todes,
am dritten Tage auferstanden von den Toten,
aufgefahren in den Himmel;
er sitzt zur Rechten Gottes, des allmächtigen Vaters;
von dort wird er kommen, zu richten die Lebenden und die Toten.
Ich glaube an den Heiligen Geist,
die heilige katholische (christliche) Kirche,
Gemeinschaft der Heiligen, Vergebung der Sünden,
Auferstehung der Toten und das ewige Leben.
Amen.

 41 Es war gut

Und Gott sprach: »Auf der Erde soll es grünen und blühen: Alle Arten
von Pflanzen und Bäumen sollen wachsen und ihre Samen und Früchte
tragen!« So geschah es. Die Erde brachte Pflanzen und Bäume in ihrer
ganzen Vielfalt hervor. Wieder sah er sich an, was er geschaffen hatte:
Es war gut.

→ *1. Mose 1,11–12*

Das Zitat stammt aus dem Anfang der Bibel, in dem Gott die Welt zum
Leben erweckt. Natürlich wissen wir heute, dass die Welt nicht in sieben
Tagen erschaffen wurde, und kennen die Evolutionstheorie. Dennoch
ergibt die Schöpfungsgeschichte Sinn. Sie bringt uns zum Staunen über
das, was Gott aus dem Nichts hat entstehen lassen. Gott sagt mehr-
mals zu dem, was er gemacht hat: »Es war gut.« Wir haben von Gott
eine wunderschöne Erde geschenkt bekommen, die sich nach und nach
entwickelt hat. Und viele Kleinigkeiten dieser Schöpfung wie großartige
Blüten, leckere Früchte und grüne saftige Wiesen dürfen wir wertschätzen und genießen.
Wir lernen Gott als Gestalter, Handwerker, Gärtner, kreativen Geist kennen.
Durch jede Geschichte der Bibel, die wir lesen, durch jede Diskussion
darüber, durch jede Erfahrung wachsen wir in unserem Glauben.

Challenge

Pflanzt in eurer Gegend einen Strauch oder Baum. Wenn ihr nur wenig
Platz habt, könnt ihr auch eine Blumensamenmischung für Bienen in den
Balkonkasten setzen.
Übernehmt Verantwortung für das Gepflanzte und bringt es zum
Wachsen.

Gebet:

Gott, du sorgst für alle.
Wenn wir an dich glauben, können wir dich wahrnehmen.
Lass uns durch die Worte, die wir über dich lesen und hören,
über das Schöne, das wir um uns herum sehen,
und über deine Geschichten mit den Menschen
im Glauben wachsen.
Schenke uns starke Wurzeln,
damit auch wir etwas zum Wachsen bringen können.
Amen.

 **Kraft(los)**

Darum verlieren wir nicht den Mut. Wenn auch unsere körperlichen Kräfte aufgezehrt werden, wird doch das Leben, das Gott uns schenkt, von Tag zu Tag erneuert.
→ *2. Korinther 4,16*

Das Zitat stammt aus einem Brief des Apostels Paulus. Paulus schreibt, wie schwach er sich manchmal fühlt. Er stellt fest, dass es Tage gibt, an denen er körperlich nicht fit ist. Aber dadurch kommt er ins Nachdenken und spürt, dass auch Schwachheit eine Stärke sein kann. An diesen Tagen kommt seine Kraft nämlich von Gott.

So will Paulus uns Mut machen, dass es nicht nur auf die körperliche Fitness und Stärke ankommt, sondern auch auf den Glauben an Gott. In Momenten, in denen er körperlich kaum mehr konnte, betete Paulus und fühlte sich dadurch stärker.

#**Challenge**

Mach diese Challenge an einem Regentag.
Hör dir den Song »**Tanzen im Regen**« von Glasperlenspiel an.
Aber nicht einfach so!
Geh mit einer Musikbox nach draußen in die Natur und
dreh den Song richtig laut auf. Wenn du dich traust, tanz dazu!

Gebet:
Gott, manchmal ist es um mich herum trist und grau.
Dann hilft mir Musik.
Am liebsten höre ich ...
Draußen kann ich alles, was mich beschäftigt, loswerden:
beim Spazierengehen, Joggen, Klettern oder Tanzen.
Gott segne mich heute mit einem klaren Kopf und
neuer Kraft.
Amen.

 **43** # Was für eine Sauerei

Er segnete die Menschen und sprach: »Vermehrt euch, bevölkert die Erde und nehmt sie in Besitz! Ihr sollt Macht haben über alle Tiere: über die Fische, die Vögel und alle anderen Tiere auf der Erde!«
→ *1. Mose 1,28*

Gott wünscht uns Gutes und hat eine tolle Erde für uns entstehen lassen. Doch wir können darauf nicht einfach nur leben und feiern und es uns gut gehen lassen. Sonst ist das Schöne und Gute eines Tages aufgebraucht. Wir müssen für die Erde auch Verantwortung übernehmen, dafür sorgen, dass die, die nach uns kommen, es auch gut und schön haben.

#Challenge

Nimm dir eine große Mülltüte. Geh mit einem Freund/einer Freundin oder als ganze Gruppe raus in die Natur, in die Straßen deiner Stadt oder deines Dorfes. Sammelt in einer Stunde so viel Müll wie möglich. Wiegt anschließend eure Tüten. Schaut, wer das meiste Gewicht gesammelt hat, und notiert den Erfolg.

Gebet (betet das Gebet gemeinsam):
Gott, heute standen wir zwischen Zigarettenkippen,
Kaffeebechern und Plastikmüll.
Erschreckend, was wir Menschen alles wegwerfen.
Aber es tut gut, zu wissen,
dass wir heute dazu beitragen konnten,
die Erde wieder ein bisschen in den Zustand
zu verwandeln, in dem du sie uns übergeben hast.
Hilf uns, auch nach dieser Challenge Verantwortung
für unseren Müll zu übernehmen.
Amen.

Heute haben wir
_____ kg Müll gesammelt.

44 Unabhängig

Manche Menschen gleichen dem von Dornengestrüpp überwucherten Boden: Sie hören die Botschaft zwar, doch die Sorgen des Alltags und die Verlockungen des Reichtums ersticken diese bald wieder, sodass keine Frucht daraus entstehen kann. Aber dann gibt es auch Menschen, die sind wie der fruchtbare Boden, auf den die Saat fällt: Sie hören Gottes Botschaft, verstehen sie und bringen Frucht, hundert-, sechzig- oder dreißigfach.
→ *Vgl. Matthäus 13,22–23*

Der Text stammt aus einem Gleichnis von Jesus über einen Landwirt. Er erzählt davon, dass Samen, die der Landwirt sät, an unterschiedlichen Orten landen können, und vergleicht die Situation mit uns. Wir wissen heute, dass diese Erde nur begrenzt Ressourcen für uns bereithält. Heute ermutigen uns Menschen wie Greta Thunberg, Michelle Obama oder Papst Franziskus, uns aktiv für den Umweltschutz einzusetzen.

Challenge

Versuch, den Tag über möglichst plastikfrei zu leben.
Das fängt morgens im Bad an und begleitet dich durch den Tag:
Was nutzt du zum Duschen? Woraus besteht deine Zahnbürste?
Wie ist dein Pausensnack verpackt? Woraus trinkst du? Brauchst
du einen Deckel auf Getränken? Was kaufst du im Supermarkt?

Gebet:
Gott, das ist gar nicht so einfach mit der Nachhaltigkeit.
So ganz auf Plastik zu verzichten, ist anstrengend.
Außerdem frage ich mich, ob das überhaupt was bringt,
wenn ich als Einzelner/Einzelne darauf achte, was ich kaufe.
Produziert wird es doch sowieso.
Aber andererseits, wenn niemand anfängt, wird sich auch nichts bewegen.
Schenke mir Ausdauer, damit ich kleine Schritte tun kann.
Amen.

Auf diese Dinge aus Plastik konnte ich heute verzichten:

Meine Sternbilder:

⭐ 45 Sternenfinder:in

Er führte Abraham aus dem Zelt nach draußen und sagt zu ihm: »Schau dir den Himmel an und versuche, die Sterne zu zählen! Genauso werden deine Nachkommen sein – unzählbar!«

→ *1. Mose 15,5*

Diesen Bibelvers findest du im Alten Testament. Abraham, der nicht nur bei katholischen und evangelischen Glaubenden eine große Rolle spielt, wird auch im Judentum und im Islam als einer der größten Propheten angesehen. Er kommt somit in allen monotheistischen Religionen vor. Die Geschichte der zahlreichen Sterne will uns ermutigen, dass Gott uns in unendlichen Situationen beisteht, also quasi immer.

#**Challenge**

Mach diese Challenge nach einem sonnigen, klaren Tag. Stell deinen Wecker auf 1:00 Uhr nachts. Wenn er klingelt, geh nach draußen auf den Balkon oder in den Garten und schau zum Himmel. Welche Sternbilder kannst du entdecken? Schreibe oder zeichne sie auf und sprich das Gebet.

Gebet:

Gott, ich kann so unendlich weit blicken.
Immer noch entstehen Sterne oder verglühen.
Für mich sind sie unzählbar. Doch zusammen ergeben manche ein schönes Bild.
Genauso gibt es unfassbar viele unterschiedliche Menschen,
und du kennst alle mit Namen.
Wenn ich in die Sterne schaue, dann kommen mir Wünsche in den Sinn.
Zum Beispiel wünsche ich mir …
Ich weiß, dass nicht jeder Wunsch in Erfüllung gehen wird.
Aber lass mich wie Abraham darauf vertrauen, dass du mich siehst,
dass du meine Wünsche kennst und dass ich dir wichtig bin.
Amen.

46 Kleidertausch

Dann brachten sie den jungen Esel zu Jesus. Sie legten dem Tier ihre Mäntel auf den Rücken und ließen Jesus aufsteigen. So zog er weiter, und die Menschen breiteten ihre Kleider als Teppich vor ihm aus.
→ *Lukas 19,35–36*

Zur Zeit Jesu waren Kleider ein teures und wertvolles Gut. Während unsere Kleiderschränke manchmal aus allen Nähten platzen, hatten die Menschen damals nur zwei bis drei Gewänder. Die Menschen legten also das Teuerste, das sie hatten, zu Jesus auf die Straße. Vielleicht kann uns die Bibelstelle helfen, über unsere Kleidungsstücke und ihren Wert nachzudenken.

#Challenge

Schau mal auf das Etikett deiner Kleidungsstücke. Wo wurden sie hergestellt? Was hast du dafür bezahlt? Wenn du willst, kannst du auch im Internet nachforschen, wer an der Herstellung der Kleidung verdient. Tausch dich dazu doch auch mal mit ein paar Freundinnen und Freunden aus.

Miste jetzt deinen Kleiderschrank aus. Sortiere mindestens drei Kleidungsstücke aus, die du dann an eine Kleiderkammer weitergibst.

Gebet:
Gott, ich möchte heute an alle denken, die dafür gearbeitet haben, dass ich etwas zum Anziehen habe. Ich bitte dich für Baumwollplantagenarbeiter:innen, Färber:innen, Designer:innen, Näher:innen, LKW-Fahrer:innen, Spediteur:innen, Verkäufer:innen, Mitarbeiter:innen der Post und viele mehr. Danke für all diese Menschen. Amen.

Von diesen drei Kleidungsstücken konnte ich

mich heute trennen:

47 Wunderfinder:in

Für alles auf der Welt hat Gott schon vorher die rechte Zeit bestimmt. In das Herz des Menschen hat er den Wunsch gelegt, nach dem zu fragen, was ewig ist. Aber der Mensch kann Gottes Werke nie voll und ganz begreifen.

→ *Kohelet 3,11*

Im Buch Kohelet wurden Lebenserfahrungen und philosophische Gedanken gesammelt. Der Vers erinnert uns daran, dass alles seine Zeit hat: Spargel im Frühjahr, Erdbeeren im Sommer und Kürbisse im Herbst. Auch wenn wir Menschen uns das alles gerne zu jeder Zeit kaufen, machen die Jahreszeiten Genussmomente wertvoll und einzigartig. Das ist Schöpfung, die aus Werden und Vergehen besteht, aus dem einen Moment.
Vielleicht wolltest du schon mal beim Skifahren in den Alpen, bei einem Sonnenuntergang am Meer oder bei einem Treffen mit Freunden und Freundinnen am liebsten die Zeit anhalten. Das zeigt, dass wir diese Momente besonders wertschätzen und genießen. Nichts besteht ewig, aber wir dürfen die Wunder finden, für die im Augenblick Zeit ist.

#Challenge

Mach einen Spaziergang oder eine Wanderung. Versuch dabei immer wieder, stehen zu bleiben und die kleinen Wunder der Natur zu entdecken: Blüten, Früchte, Tiere, Traumkulissen. Wenn dir etwas richtig gut gefällt, mach eine Nahaufnahme davon und poste das Bild in deinem Messenger-Status oder auf Social Media mit dem #wunderfinden.

Gebet:

Gott, meine Kindheit hatte ihre Zeit,
meine Schulzeit hat ihre Zeit,
Skifahren und Snowboarden haben ihre Zeit,
Zocken hat seine Zeit, Reisen hat seine Zeit,
Erwachsenwerden und Leben haben ihre Zeit.
Alles hat seine Zeit, aber manchmal wünsche ich mir,
einen bestimmten Moment für immer festzuhalten.
Hilf mir, Momente zu genießen und im Gedächtnis zu behalten.
Lass mich geduldig sein und annehmen können, dass alles seine Zeit hat.
Amen.

Diese Wunder habe ich heute gesehen:

48 Müllabfuhr

Was wir jetzt sind, ist allein Gottes Werk. Er hat uns durch Jesus Christus neu geschaffen, um Gutes zu tun. Damit erfüllen wir nun, was Gott schon im Voraus für uns vorbereitet hat.
→ *Epheser 2,10*

Gutes tun, Dankesagen oder Helfen fällt uns immer da leicht, wo wir Menschen gut kennen. Aber was passiert, wenn wir Menschen Danke sagen sollen, die wir nicht kennen, die aber täglich für uns arbeiten?

#Challenge

Überrasche diese Woche die Personen der Stadtreinigung, die Müllwerker und Müllwerkerinnen. Überleg dir, was du ihnen Gutes tun kannst, und zeig ihnen, dass sie einen wertvollen Beitrag zum Umweltschutz leisten.

Gebet:
Gott, heute gebe ich den Müllwerker:innen keine Abfuhr,
sondern nehme sie bewusst wahr und sage Danke.
Danke, dass es Menschen gibt, die etwas tun,
womit ich mich schwertun würde.
Amen.

DANKE!

 49 Tierisch was los

Ein guter Mensch sorgt für seine Tiere, der Gottlose aber ist durch und durch grausam.
→ *Sprüche 12,10*

Hast du ein Haustier? Keine Sorge, du musst dir keins anschaffen, wenn du keines hast. Aber Tiere und Menschen dürfen auf dieser Erde miteinander leben. Neben den Eigenschaften als Freundinnen und Freunde des Menschen können Tiere uns in der freien Natur auch ein Lächeln ins Gesicht zaubern oder uns zum Schütteln bringen. Für Tiere und Pflanzen tragen wir Verantwortung.

#**Challenge**

Kennst du die Aktion »Kauf eins mehr«? Kauf bei deinem nächsten Einkauf auch Tierfutter und spende es einem Tierheim.

Gebet:
Gott der Tiere, Pflanzen und Menschen,
danke für die vielen unterschiedlichen Lebewesen (die meisten jedenfalls ☺).
Mein Lieblingstier ist ..., weil ...
Ich weiß, dass es vielen Tieren nicht gut geht,
dass sie hungern oder gequält werden.
Beschütze nicht nur uns, sondern auch die Tiere.
Amen.

Dieses Tierheim habe
ich unterstützt:

★50 Nachhaltig bauen

Jedes Haus hat seinen Baumeister. Gott aber ist der Baumeister, der alle Dinge geschaffen hat.

→ *Hebräer 3,4*

Wer kommt gleich beim Thema Hausbauen auf Gott oder Klimaschutz? Tatsächlich gehört inzwischen Umweltschutz in allen Lebensbereichen mit dazu. Als Christinnen und Christen haben wir den Auftrag, in allem, was wir tun, wertschätzend mit der Natur umzugehen. Wir dürfen überlegen, was unser täglicher Beitrag für den Klimaschutz sein kann.

Challenge

Schau dir eine Dokumentation zum Klima- oder Umweltschutz auf einem Streamingdienst an. Notiere dir einen Gedanken davon.

Gebet:
Schau dir noch einmal den Abspann an.
Bete heute für die Personen, die den Film gemacht haben und sich so für das Thema Umweltschutz einsetzen.

Gott, ich bete heute für ...
Amen.

Meine Gedanken zur Dokumentation:

#

52

#